Repartidores

Julie Murray

Abdo Kids Junior es una subdivisión de Abdo Kids
abdobooks.com

Abdo
TRABAJOS EN MI COMUNIDAD
Kids

abdobooks.com

Published by Abdo Kids, a division of ABDO, P.O. Box 398166, Minneapolis, Minnesota 55439.

Abdo Kids Junior™ is a trademark and logo of Abdo Kids.

Printed in the United States of America, North Mankato, Minnesota.

052022

092022

THIS BOOK CONTAINS RECYCLED MATERIALS

Spanish Translator: Maria Puchol

Photo Credits: Alamy, iStock, Shutterstock

Production Contributors: Teddy Borth, Jennie Forsberg, Grace Hansen

Design Contributors: Candice Keimig, Dorothy Toth

Library of Congress Control Number: 2021951552

Publisher's Cataloging-in-Publication Data

Names: Murray, Julie, author.

Title: Repartidores/ by Julie Murray.

Other title: Delivery Drivers. Spanish

Description: Minneapolis, Minnesota: Abdo Kids, 2023. | Series: Trabajos en mi comunidad

Identifiers: ISBN 9781098263232 (lib.bdg.) | ISBN 9781644948644 (pbk.) | ISBN 9781098263799 (ebook)

Subjects: LCSH: Truck drivers--Juvenile literature. | Delivery of goods--Juvenile literature. | Community life--Juvenile literature. | Occupations--Juvenile literature. | Cities and towns--Juvenile literature. | Spanish language materials--Juvenile literature.

Classification: DDC 388.32--dc23

Contenido

Repartidores

Los repartidores llevan paquetes de un lugar a otro.

Van en coches y camionetas. ¡También usan camiones grandes!

Worldwide Services
Synchronizing the world of commerce
MICHIGAN
C71176

Usan **GPS** para ayudarse con las direcciones.

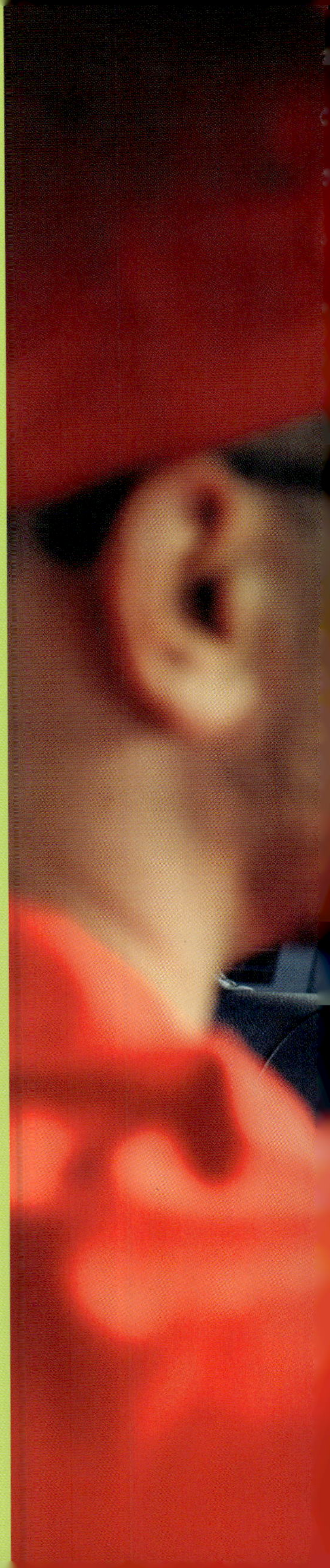

Alex es conductor.

Reparte comida.

Mary reparte el correo.

Lo pone en el buzón.

TATES
ERVICE

Ada entrega la compra.

STAY HOME
WE DELIVER
Get the app.

Luis entrega un paquete.

Lo deja en la puerta.

Max entrega cajas pesadas.

Usa una **carretilla**.

FedEx Express
Large Box
FedEx Express
Large Box
FedEx Express
Large Box

Luke entrega flores. Estas hacen que Kim sonría.

Las herramientas de trabajo del repartidor

una carretilla

el GPS

un escáner

el vehículo

Glosario

carretilla

carro pequeño con ruedas para mover objetos pesados.

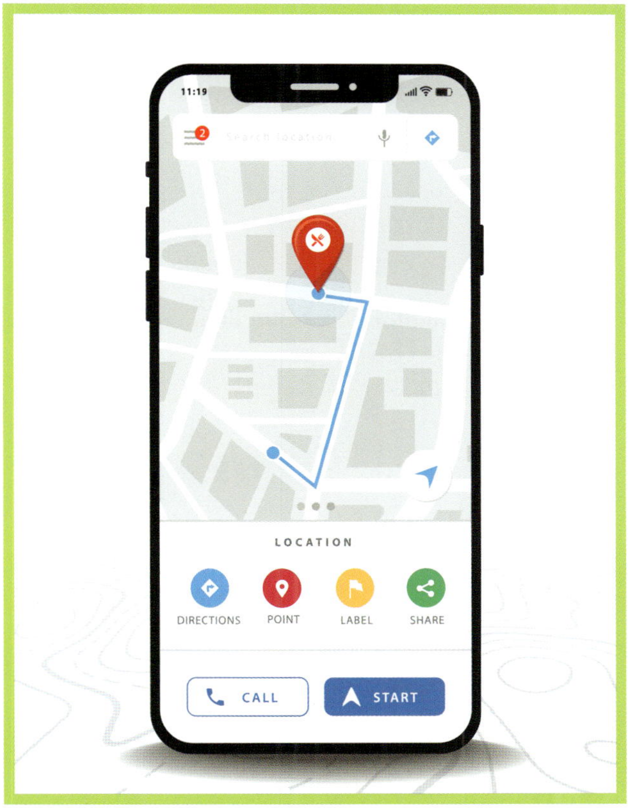

GPS

siglas en inglés para Sistema de Posicionamiento Global. Es un sistema de navegación por satélite que puede señalar ubicaciones y dar direcciones.

Índice